Agapornis

sanos y felices

> Autora: **Alexandra Broich** | Fotos: **Oliver Giel**

Indice

HISPANO EUROPEA

Un hogar feliz

Así son los agapornis

Los inseparables, a los que también conocemos por el nombre científico de *Agapornis*, son unos psitácidos muy simpáticos, alegres, ruidosos, juguetones, vivaces, tiernos y encantadores. Por lo tanto, no es extraño que estos «loros enanos» atraigan a un gran número de fans totalmente incondicionales que los mantienen y crían en sus jaulas y pajareras.

«Out of Africa»

Actualmente se reconocen nueve especies pertenecientes al género Agapornis y que se distinguen tanto por su apariencia externa como por su comportamiento. También tienen áreas de distribución distintas.

Los podemos dividir en dos grandes grupos:

➤ Especies con anillo ocular blanco: Inseparable enmascarado (*Agapornis personata*), Inseparable de mejillas negras (*A. nigrigenis*), Inseparable de Fischer (*A. fischeri*).

➤ Especies sin anillo ocular blanco: Inseparable de rostro color melocotón (*A. roseicollis*), Inseparable de rostro rojo (*A. pullaria*), Inseparable de Madagascar (*A. cana*), Inseparable abisinio (*A. taranta*), Inseparable de Nyassa (*A. lilianae*), Inseparable de collarín negro (*A. swinderniana*).

Todas las especies viven en el continente africano e islas adyacentes, a excepción de *A. cana* que se encuentra solamente en Madagascar. *A. personata* habita las sabanas del centro y norte de Tanzania. El área de distribución de *A. roseicollis* abarca Ruanda, Burundi y el noroeste de Tanzania. Antiguamente las poblaciones de estas dos especies estaban claramente separadas, pero en la actualidad están empezando a

> Los inseparables son unos verdaderos artistas del vuelo. En la jaula también necesitan poder ejercitar sus alas.

> *Los inseparables enmascarados* (Agapornis personata), *al igual que todos los inseparables, sólo son felices si viven en pareja. Les es imprescindible mantener un contacto social.*

oquedades de los árboles, en grietas de las rocas o incluso en agujeros de los edificios, también en termiteros o junto a los pájaros tejedores.

Morfología

Pequeños, con una cola corta y una cabeza redonda con grandes ojos, ¡los inseparables tienen un aspecto muy divertido! Su color de fondo es el verde y presentan una máscara de color diferente. *A. pullaria* y *A. cana* tienen el pico de color córneo pero los inseparables con anillo ocular, *A. taranta* y *A.lilianae*, lo tienen de color rojo. Además de las coloraciones salvajes, en muchas especies se han obtenido distintas coloraciones mediante la reproducción selectiva en cautividad (ver pág. 10).

cruzarse entre sí dando lugar a individuos híbridos. *A. nigrigenis* vive en Namibia, Zambia, Zimbabwe y Botswana, y a *A. fischeri* lo encontramos en Tanzania, Mozambique y Zambia. Ambas especies están seriamente amenazadas en sus países de origen y también han dado lugar a poblaciones híbridas. *A. pullaria* vive desde las secas, agrestes y esteparias regiones de la costa occidental del sur de África (Namibia, Angola) hasta Etiopía y Sudán pasando por Congo y Uganda. *A. taranta* habita los bosques de los altiplanos de Etiopía. *A. lilianae* vive en amplias regiones de África central, habitando tanto las sabanas como los bosques. *A. swinderniana* es propio de los bosques de Áfri-

ca central y occidental, pero sus poblaciones están en regresión.

Biología: Los inseparables son aves gregarias, algunos crían en colonias y otros lo hacen por parejas. Las parejas se unen de por vida. Anidan en

SUGERENCIA

Cosas de inseparables

➤ Nunca solos: Los inseparables no han recibido este nombre por casualidad. Nunca hay que tener un ejemplar solo. Mantenerlos en grupo es estupendo, ¡pero siempre que todo sean parejas!

➤ ¡Por favor, déjalos volar! Los inseparables son unos artistas del vuelo. Necesitan mucha actividad. Por lo tanto, a los que vivan en jaulas habrá que dejarlos volar libremente con frecuencia.

➤ Descendencia: Los inseparables crían en cuevas y cavidades naturales. En cuanto les pongamos un nido o un refugio adecuado no tardarán en empezar a reproducirse.

Una buena elección

A la gente le gustan los loros por su colorido, su carácter, su capacidad para reproducir sonidos y voces, y porque pueden llegar a establecer una buena relación con su cuidador. Pero no todo el mundo dispone de medios para proporcionar un buen alojamiento a una pareja de loros de gran tamaño; en esos casos, los inseparables suelen ser la alternativa ideal.

¿Por qué inseparables?

En cuanto a colorido y temperamento no hay quien los gane. Pero no aprenden a hablar. Y tampoco llegan a domesticarse tanto como otros loros, ya que siempre preferirán a un compañero de su propia especie que a una persona. Los inseparables no necesitan tanto espacio como sus primos mayores. En las pajareras de interior y al dejarlos volar por la casa nos ofrecerán un increíble espectáculo de acrobacias y habilidades. Les encanta jugar. Son realmente «inseparables» y se pasan las 24 horas del día pendientes el uno del otro.

Características de las distintas especies

Agapornis pullaria, *A. personata* y *A. roseicollis* son especies robustas y fáciles de mantener, tanto en jaulas como en pajareras. Crían en gran cantidad y son adecuadas incluso para los principiantes. En cautividad se han obtenido muchas variedades de distintos colores, por lo que cada uno podrá encontrar alguna que sea de su agrado. Así, además de las coloraciones salvajes, encontramos ejemplares azules, amarillos, manchados, de color malva, canela e incluso de color violeta. Estas tres especies tienen una talla, un canto

> *¿Me das un poco de tu mazorca de mijo? Los pájaros no siempre consienten que un extraño se acerque a sus golosinas favoritas.*

y un temperamento muy similares. Decidirse por una u otra es cuestión de gustos.

Si se dispone de suficiente espacio, se las puede mantener en grupos, pero a la hora de comprarlos hay que tener en cuenta que las parejas deberán ser de la misma especie (para evitar hibridaciones indeseables, ver pág. 13). No conviene mezclarlos con aves de otros géneros porque podrían mostrarse muy pendencieros.

A. nigrigenis y *A. fischeri* no son unas especies que se reproduzcan con tanta frecuencia. Parece ser que los criadores no muestran mucho interés por ellas porque hasta el momento no han conseguido obtener tantas variantes como con las tres especies anteriores. Sin embargo, tienen algunas virtudes que son dignas de tener en cuenta, como el hecho de ser menos chillones y más mansos. Sus exigencias son las mismas que las de las tres especies descritas anteriormente, por lo que su cuidado debería estar al alcance de personas con poca experiencia previa. Sin embargo, hay que tener en cuenta que *A. fischeri* es bastante tímido y solamente vive bien en paja-

¿Te conviene un inseparable?

		Sí	No
1.	¿Podrás soportar que en tu casa haya restos de comida, excrementos y polvillo de plumas?	☐	☐
2.	El canto de los inseparables puede ser muy penetrante. ¿Se lo has comentado a tus vecinos?	☐	☐
3.	¿Tolerarás que los inseparables aprovechen sus horas de vuelo libre para ensuciar o mordisquear los muebles y las alfombras?	☐	☐
4.	¿Sabes que los inseparables viven hasta 20 años y que durante todo ese tiempo tendrás que ocuparte de ellos?	☐	☐
5.	Los miembros de una pareja nunca mueren a la vez. Encontrar un sustituto requiere tiempo y paciencia, y será más difícil cuanto más rara sea la especie. ¿Lo tenías en cuenta?	☐	☐
6.	¿Has calculado que los gastos de jaula, alimentos, arena y veterinario superan en mucho al de los animales propiamente dichos?	☐	☐

Si has contestado afirmativamente a todas las preguntas eres la persona ideal para disfrutar con los inseparables. Pero si has contestado negativamente a dos o más preguntas será mejor que te plantees seriamente si no te convendría más otro tipo de animal doméstico.

reras. Su reproducción solamente está al alcance de criadores expertos. *A. nigrigenis* y *A. fischeri* suelen vivir bien en pajareras comunitarias junto con otros pájaros pequeños y periquitos.

A. cana, *A. lilianae* y *A. taranta* son especies bastante exigentes. Son mucho más tímidos que los demás y no viven bien dentro de casa. *A. lilianae* suele ser difícil de ali-

mentar y no es fácil de conseguir. La reproducción de estas tres especies solamente suelen obtenerla los criadores especializados. Estos inseparables no son recomendables para principiantes.

Hasta el momento no se ha conseguido que *A. swinderniana* pueda vivir bien en cautividad, por lo que actualmente han cesado las importaciones de esta especie.

Los inseparables
en detalle

Los inseparables que podemos adquirir habitualmente se caracterizan por tener un aspecto muy agradable y un carácter alegre. Su reproducción selectiva en cautividad nos ha proporcionado interesantes variantes cromáticas.

> *A. roseicollis* de máscara naranja, canela (centro) y verde oliva (derecha e izquierda): en estas mutaciones, conocidas desde hace más de diez años, la máscara original roja ha pasado a ser de color naranja amarillento. *A. roseicollis* es la especie de la que los criadores han logrado obtener mayor número de variedades.

> *A. roseicollis* con coloración salvaje: el mayor de los inseparables se caracteriza por el color rojo de su máscara y el azul claro del obispillo y las supracoberteras caudales. La coloración es idéntica en machos y hembras.

A. fischeri con coloración salvaje: cuerpo verde con cabeza y garganta de color rojo anaranjado intenso. Machos y hembras tienen la misma coloración.

A. personata con coloración salvaje: cuerpo verde con cabeza negra y pecho amarillo. Machos y hembras tienen la misma coloración.

A. personata de la variedad azul: comparándolo con la coloración salvaje, las plumas amarillas son blancas y las verdes son de color azul o turquesa. Esta mutación se conoce desde el año 1927.

A. nigrigenis de coloración salvaje: se caracteriza por tener la cabeza marrón, la garganta naranja y el obispillo verde. Machos y hembras tienen la misma coloración.

A. pullaria de coloración salvaje: el macho (izquierda) tiene la máscara de un color naranja más intenso que la hembra (derecha) y sus coberteras inferiores de las alas son negras.

11

Cuidado a la hora de la compra

Una vez tomada la decisión de traer unos inseparables a casa, la siguiente pregunta que se plantea es: «¿Dónde conseguirlos?»

Nunca solos

Para los inseparables, la compañía es tan importante como el aire que respiran. Si se mantiene un ejemplar solo, no tardará en presentar alteraciones del comportamiento tales como agresividad, gritos, arrancarse las plumas o desovar constantemente. Por tanto, está claro que habrá que adquirir una pareja. Pero, ¿cómo se puede conseguir una pareja ideal que pueda permanecer felizmente unida durante toda su vida?

La pareja ideal estará formada por un macho y una hembra de la misma especie, ya que solamente así se puede establecer una perfecta comunicación entre ambas aves. Y esto es una de las condiciones básicas para la convivencia.

Los ejemplares del mismo sexo pueden llegar a llevarse muy bien, pero no es raro que llegue un momento en que acaben peleándose entre sí, especialmente si se trata de dos hembras, ya que éstas tienen un carácter bastante quisquilloso (ver pág. 28).

Determinación del sexo

En *Agapornis roseicollis, A. pullaria* y *A. taranta* se pueden diferenciar los machos y hembras por su colorido, mientras que *A. personata, A. nigrigenis, A. fischeri, A. cana, A. lilianae* y *A. swinderniena* no presentan dicromatismo sexual.

➤ El único método seguro para sexarlos es mediante el

> *Curiosidad: a los inseparables de Fischer (Agapornis fischeri) también les gusta picotear las plantas que no conocen.*

SUGERENCIA

La edad adecuada para adquirirlos

Los inseparables se independizan a la edad de ocho semanas, y a partir de ese momento pueden separarse de sus padres.

➤ Los lazos de amistad que establecen a esa temprana edad no suelen ser duraderos, por lo que es preferible no comprar «parejas» demasiado jóvenes.

➤ La mayoría de los inseparables suelen empezar a buscar pareja estable a la edad de seis a nueve meses, que es cuando alcanzan la madurez sexual. Estas parejas son las que conviene adquirir.

> ¡Hazme sitio! A ningún pájaro le pasan desapercibidas las golosinas. Pero nunca hay disputas entre compañeros de grupo.

➤ *A. personata, A. pullaria, A. fischeri, A. taranta* y *A. nigrigenis* no necesitan ser declarados. Tampoco existe la obligación de disponer de un certificado de procedencia.

➤ *A. lilianae, A. roseicollis* y *A. taranta* necesitan un certificado de procedencia y tienen que ser declarados.

análisis de su ADN. Para ello es preciso que el veterinario (o el laboratorio) obtenga una pluma o una muestra de sangre.

➤ Las pautas de comportamiento propias de un determinado sexo (ver pág. 27), tales como alimentar, mimar a la pareja o recoger materiales para la construcción del nido, pueden darnos algunas pistas, pero no son totalmente fiables. Además, para poder evaluar correctamente su significado es necesario tener bastante experiencia y disponer de otras parejas para comparar.

➤ Tampoco suele servir de nada fijarse en la posición de las patas, la forma de la cabeza o la cola, o palparles los huesos de la cadera.

Asuntos legales

Todos los inseparables están incluidos en el Apéndice II del Convenio de Washington para el comercio de especies protegidas (CITES). La Normativa Europea para la protección de las especies coincide con el convenio Cites, por lo que:

➤ Todas las especies del género *Agapornis* se incluyen en el Apartado B de la Normativa Europea y requieren autorización tanto para su importación como tambien para su exportación.

Equipo necesario

A los inseparables podemos mantenerlos tanto dentro de casa como en el exterior, pero no todos los tipos de jaulas son apropiados para ellos.

La jaula adecuada

Dimensiones: Las jaulas para pájaros nunca serán demasiado grandes, pero sí que pueden ser demasiado pequeñas. Es necesario que en su interior los pájaros puedan volar cortos trayectos de una percha a otra sin golpearse en las alas. Por tanto, una jaula para una o dos parejas no deberá tener una longitud inferior a un metro (con una altura de 80-150 cm). Por lo general, es más importante la longitud de la jaula que su altura. La anchura deberá ser de por lo menos 60 cm. Las pajareras pueden encargarse en una tienda de animales o directamente a un fabricante especializado, pero también se las puede construir uno mismo. Pero, por favor, no emplees nunca jaulas redondas, ya que éstas no permiten que los pájaros se orienten.

Material: Los inseparables están dotados de un pico muy fuerte y les gusta emplearlo a conciencia, por lo que su alojamiento deberá estar construido con materiales muy resistentes. Lo ideal es emplear jaulas y pajareras totalmente metálicas y sin revestimiento que, además, son las más fáciles de limpiar. Si la pajarera tiene elementos de madera hay que cuidar que las partes que puedan quedar al alcance de los pájaros estén recubiertas con metal. A los inseparables

> *Una hoja también puede ser un excelente pasatiempo para este inseparable de Fischer (Agapornis fischeri).*

les da igual que los barrotes sean horizontales o verticales, lo importante es que la separación entre ellos no supere los 16 mm. Estos pájaros son verdaderos acróbatas y saben trepar perfectamente por los barrotes verticales.

Al adquirir una jaula grande o una pajarera, asegúrate de que tenga suficientes puertas grandes y pequeñas como para poder acceder cómodamente a cualquier lugar de su interior.

Acondicionamiento interior

Perchas: Lo mejor es proporcionarles ramas naturales. Su forma y su grosor irregular les obliga a ejercitar los dedos, lo que resulta más sano para el aparato locomotor. Además, la corteza, los brotes, las hojas y las flores les hacen estar siempre ocupados. A los inseparables podemos proporcionarles ramas de sauce, abedul, arce, haya, nogal o árboles frutales. No sujetes las perchas rígidamente a la reja, sino de forma que queden elásticas y se muevan con el peso de los pájaros. En las tiendas de animales venden soportes adecuados para las ramas. Dado que los inseparables las roen incansablemente es necesario renovarlas semanalmen-

Los inseparables son capaces de realizar cualquier tipo de acrobacia con tal de llegar hasta sus golosinas favoritas.

te. Además de las ramas, también podemos colocar en la jaula columpios, aros, escaleras y cuerdas de fibras de algodón. Hay que vigilar que las ramas naturales que les ofre-

cemos no hayan estado sometidas a tratamientos antiparasitarios

Caseta: Para que los pájaros puedan recogerse cuando necesiten tranquilidad, es nece-

sario colocar en la jaula una o varias casetas de descanso. Al contrario que las casetas de anidación, éstas carecen de panel frontal y no animan a los animales a reproducirse.

Las perchas también pueden ser un buen lugar de descanso. Sujétalas en las esquinas o en los laterales de la jaula o pajarera.

Para evitar posibles peleas o disputas entre los inseparables es mejor que en la jaula o pajarera haya mayor número de casetas o perchas de descanso que parejas.

Comedero y bebedero: En la jaula o pajarera deberá haber un bebedero y varios comederos. Lo ideal es emplear recipientes de cerámica o de metal, ya que son robustos y fáciles de limpiar. Cuanto mayor sea el diámetro del comedero, más fácilmente accederán los pájaros a las semillas del fondo. Los comederos no hay que colocarlos nunca bajo las perchas porque se llenarían de excrementos. Tampoco aconsejo el empleo de comederos o bebederos automáticos. Los comederos se taponan fácilmente y no dejan que el grano siga saliendo. Durante los meses cálidos del año, los tubos transparentes con agua o grano son un excelente caldo de cultivo para todo tipo de algas y bacterias.

Baño: A los inseparables hay que ofrecerles la oportunidad de que se bañen. Para ello bastará con colocar en el suelo o sobre un soporte un plato o una cubeta plana de barro cocido. A muchos pájaros también les gusta que los duchen con una jeringa para plantas o que les dejemos «bañarse» en una hoja de lechuga mojada. Las casetas de baño cerradas que se sujetan a la puerta de la jaula desde fuera no son apropiadas para los inseparables (ver pág. 26).

Sustrato

Tanto para jaulas como para pajareras, podemos optar entre arena para pájaros (existen diversas granulaciones) o triturado de madera de haya. Éste último es más económico y más absorbente, pero la arena para pájaros también contiene minerales muy importantes para su salud así como cascajo (piedrecitas que ingieren para facilitar la digestión del grano. Si te decides por el granulado de madera de haya será necesario que les proporciones un recipiente con arena.

Iluminación

La luz es el elemento que regula el ciclo vital, el equilibrio hormonal, el metabolismo y el sistema inmunitario. Al contrario que nosotros, las aves son capaces de percibir la fracción ultravioleta de la luz solar. Si filtramos estos rayos UV (por ejemplo, mediante el cristal de la ventana), el mundo del animal cambia totalmente: ve su entorno, su comida y sus congéneres con unos colores falsos.

Para los animales que siempre viven dentro de casa –es igual

> *Este inseparable de Fischer* (Agapornis fischeri) *se siente seguro en su caseta.*

que sea en jaulas o en pajareras– es conveniente emplear lámparas de las llamadas de «luz de día» y cuyo espectro de emisión es similar al del sol. Estas lámparas necesitan unas reactancias especiales que no producen parpadeo, pues éste sería muy perjudicial para los sensibles ojos de las aves. Las lámparas de luz de día y sus accesorios pueden conseguirse en cualquier tienda de animales bien surtida.

Mantenimiento al aire libre

En principio, los inseparables puedes mantenerlos durante todo el año al aire libre, especialmente si están en grupos numerosos. Sin lugar a dudas, así es como serán más felices. Para poderlos mantenerlos en el exterior es necesario que la pajarera esté acoplada a un refugio al que los pájaros puedan acceder siempre que lo deseen, cuya temperatura no baje nunca de los + 5 °C, que en invierno los proteja de las heladas y en el que en verano puedan resguardarse del viento, del calor y de las lluvias. La pajarera habrá que ubicarla lejos de la calle, en un lugar resguardado del jardín.

En las instalaciones de exterior hay que cuidar la robus-

> *No siempre hay tanta tranquilidad cuando tres inseparables de distintas especies comen a la vez.*

tez del conjunto aun más que en las de interior. La pajarera no sólo deberá ser totalmente a prueba de fugas, sino que también deberá impedir la entrada de posibles predadores tales como gatos o ratas.

Construcción de la pajarera: Antes de iniciar la construcción de la pajarera de exterior es conveniente informarse de si es necesario obtener un permiso de obras para una instalación de las dimensiones previstas. También es aconsejable comentarlo con los vecinos para que luego no se quejen del ruido que puedan hacer los pájaros.

RECUERDA

Cosas que no debe haber en la jaula

✔ Un exceso de «decoración» no hará más que molestar a los pájaros e impedirles volar con soltura.

✔ Si no deseas que tus inseparables se reproduzcan (ver pág. 32), no les pongas nidos o cuevas ya que les inducirían a desovar y criar.

✔ Los espejos, pájaros de plástico y campanillas nunca conseguirán sustituir a un compañero real. Además, son perjudiciales porque los pájaros pueden romperlos y tragarse trocitos de plástico.

✔ Las perchas de plástico o madera dura y el suelo de papel de lija les producen llagas en las patas y les dañan las articulaciones.

✔ A los pájaros les gusta destrozar las plantas de interior, y éstas pueden resultarles tóxicas.

17

Cuestiones acerca
de la elección y de la compra

¿Es imprescindible mantener a los inseparables en pareja?

¡Sí! ¡Siempre! El cuidador jamás llegará a poder sustituir a un compañero de su misma especie. La relación que se establece entre un pájaro solitario y su dueño no es voluntaria, sino a consecuencia de una falta de alternativas. Y esto no sólo se aplica a los inseparables, sino también a todos los animales que viven en grupo o en pareja. Si mantienes solo a un animal sociable y/o gregario le impides que pueda comunicarse. Esos animales suelen presentar comportamientos anómalos tales como agresividad, desoves continuados, comer demasiado o incluso arrancarse las plumas y automutilarse.

¿Los agapornis mantenidos en pareja llegan a domesticarse?

El hecho de que lleguen a domesticarse, y hasta qué punto, depende de muchos factores: si los animales han crecido en contacto con la gente o no, cómo se los ha cuidado, si «sólo» se tiene una pareja o se posee una manada, etc. Y, finalmente, el que un pájaro decida acercarse voluntariamente a una persona también depende de su carácter y su temperamento. Es imposible saber de antemano si un pájaro va a poderse domesticar y hasta qué punto va a ser manso; cada pájaro es distinto. Pero un verdadero aficionado a los animales también se sentirá feliz si tiene que conformarse con contemplar la vida de sus aves como espectador.

Las ramitas con bayas, como éstas de espino albar, son un excelente complemento para su dieta.

¿Cómo puedo saber la edad de una pareja?

Según las normativas para la prevención de la psitacosis, es obligatorio que todos los agapornis estén anillados. A determinada edad, a los ejemplares nacidos en cautividad se les pone un anillo cerrado o abierto. En los anillos cerrados se indica claramente su año de nacimiento, pero los abiertos ya no son tan fiables.

Los ejemplares muy jóvenes tienen una coloración más pálida, y *A. roseicollis* puede tener la base del pico de color oscuro. En los ejemplares adultos es difícil estimar la edad basándose en su aspecto externo.

Se ha muerto uno de los miembros de mi pareja. ¿Qué puedo hacer?

No es cierto que cuando muere uno de los miembros de la pareja el otro se muera también. Pero se sentirá muy triste y no parará de llamar a su pareja, por lo que hay que conseguirle compañía lo antes posible. Ésta deberá ser de su misma especie y del sexo correspondiente. La edad del nuevo pájaro no influye mucho, ¡lo importante es que ambos animales se comprendan bien!

Si no sabes cuál es el sexo del superviviente, puedes intentar que un criador o un comerciante te deje soltar tu inseparable en una de sus pajareras para que elija pareja por sí mismo (ver pág. 25).

Después de la muerte de uno de mis inseparables, compré otro. Pero el que ya tenía no hace más que perseguirlo y atacarlo. No se miman mutuamente. ¿Qué puedo hacer?

Al principio es habitual que el «veterano» no permita que entre un intruso en su territorio. Especialmente si el superviviente es hembra; en los agapornis, éstas son mucho más agresivas que los machos. Puede pasar algún tiempo hasta que cese este comportamiento –a veces hasta dos semanas–. Al cabo de ese tiempo podrás decidir si son compatibles o no. En la página 25 te explicamos lo que has de hacer. Lo que sería un error es separarlos al cabo de tan sólo un par de días, ni siquiera los inseparables son capaces de aceptar una nueva pareja en tan poco tiempo. Sin embargo, como siempre, para que la pareja tenga éxito es necesario empezar por acertar los sexos de sus miembros.

Alexandra Broich

MIS CONSEJOS PERSONALES

¿Dónde comprar?

➤ Tiendas de animales: Ahí encontrarás inseparables en parejas o en grupos. Fíjate si las jaulas de la tienda están limpias y sin un exceso de animales.

➤ Criadores: Los buenos criadores tienen sus instalaciones muy bien cuidadas y les gusta poder enseñarlas. Saben perfectamente qué pájaro puede formar pareja con qué otro. Es importante dejar claro si aceptará efectuar un cambio en el caso de que la pareja no se lleve bien.

➤ Privados: Conviene hablar previamente acerca de la edad de los animales, su estado, la formación de las parejas y el ambiente en el que han vivido hasta ahora.

➤ Centros de acogida de animales: A veces es posible encontrar animales de distintas especies y edades. Por desgracia, los cuidadores de estas instituciones no suelen tener conocimientos acerca de las distintas especies y los cuidados que requieren.

➤ Bolsas de intercambio de pájaros: Los animales no siempre son mantenidos o transportados correctamente. Algunos vendedores son de poca confianza.

19

Aclimatación y comportamiento

Una aclimatación sin sobresaltos

Antes de salir a comprar tus pájaros es necesario que prepares bien su jaula o pajarera y que la tengas ya lista con agua y comida para cuando tus nuevos compañeros lleguen a casa.

Captura

Generalmente, a menos que tengas mucha experiencia, no te van a dejar que captures tú tus propios pájaros. El comerciante o criador se encargará de extraerlos de la jaula o pajarera capturándolos con una red de mano. Si en la jaula hay más de dos, es necesario de que te asegures, con todo el revoloteo que se organiza durante la captura, de que realmente te estén dando la pareja que tú habías elegido.

Transporte hasta su nueva casa

En las tiendas y criaderos suelen entregarnos los pájaros en pequeñas cajas plegables de cartón. Su interior es estrecho y oscuro, pero en ellas los animales se sienten tranquilos y no se pueden lastimar. Si vas a recoger los pájaros a casa de un particular o en un centro de acogida será necesario que lleves una jaula pequeña y que solamente servirá para el transporte. En cualquier tienda de animales podrás adquirir una jaula de estas características. Vale la pena invertir un poco de dinero en su adquisición, pues luego siempre nos puede ser de utilidad para llevar los pájaros al veterinario o

El inseparable enmascarado (Agapornis personata) *se siente seguro cuando descansa entre las hojas.*

▶ 1 Primer contacto

Acércate a la jaula solamente hasta una distancia a la que los pájaros no se asusten, sino que sientan curiosidad por ti. Lo ideal es que lo hagas cuando están colocados en su percha favorita, pues así es como se sentirán más seguros. Háblales suavemente o en tono tranquilizador. También puedes silbarles siempre un mismo tono hasta que les resulte familiar.

▶ 2 Intensificar la relación

Cuando los pájaros se acerquen a la reja, apártate un poco. Si ves que no se asustan aunque te acerques mucho a ellos, intenta darles un trocito de mazorca de mijo a través de la reja. Más adelante podrás ofrecerles golosinas a través de la puerta abierta o cuando estén volando sueltos por la habitación.

a casa de alguien que nos los cuide durante las vacaciones.

Si los inseparables debemos transportarlos a gran distancia y el viaje dura más de una hora, habrá que emplear un transportín resistente (¡nada de cajitas de cartón!) en el que pondremos algo de comida y de agua (o un trozo de manzana). Existen jaulas de transporte cerradas por todos lados y que sólo tienen reja en una cara.

Los primeros días en su nuevo hogar

En cuanto llegues a casa, coloca a los pájaros lo antes posible en su jaula definitiva. El mejor modo de hacerlo (y el que menos estrés les provoca) es dejando que sean ellos los que pasen voluntariamente del transportín a la jaula. Para ello basta con colocar la abertura de la caja o jaula de transporte justo ante la puerta de la jaula definitiva. También puedes colocar la caja abierta dentro de la jaula y esperar a que salgan.

Deja que tus pájaros dediquen los dos o tres primeros días a reconocer y explorar su nuevo hogar, a observar su entorno y a familiarizarse con las personas. Durante este tiempo hay que mantener la puerta de la jaula cerrada excepto para darles de comer. En el recuadro de la izquierda verás cuáles son los pasos siguientes.

Rutina cotidiana: Acostúmbrate a dar de comer a tus pájaros siempre a la misma hora –especialmente al principio– ya que así se aclimatarán mejor y se habituarán a los cuidados diarios. Anúnciales tu llegada saludándolos siempre del mismo modo (hablándoles o silbándoles).

23

La llegada de una segunda pareja

Si ya tienes inseparables y quieres añadir una nueva pareja, no los juntes de inmediato. Para mayor seguridad es necesario que las nuevas adquisiciones permanezcan en cuarentena durante dos semanas antes de entrar en contacto con tus demás pájaros. Para ello necesitarás una segunda jaula, y tendrás que colocarla en otra habitación que también sea adecuada para ellos. Durante el periodo de cuarentena fíjate bien en tus animales y observa si presentan cualquier posible síntoma de enfermedad (ver pág. 44).

La integración de los «nuevos» después de la cuarentena será mucho más sencilla, y menos estresante, si ninguno de tus pájaros se siente en situación de ventaja con respecto a los demás. Y esto implica que antes de añadir a los «nuevos» tendrás que limpiar y redistribuir la jaula de los «viejos»:

➤ cambia de sitio los comederos y el bebedero;

➤ coloca en otro sitio las perchas y los juguetes;

➤ retira durante un par de días sus elementos favoritos tales como perchas de descanso, columpios, etc. (esto es muy importante);

➤ si es posible, sitúa la jaula en otro lugar durante un par de días.

Cuando ya hayas modificado el entorno de modo que sea irreconocible para todos, introduce las dos parejas a la vez. Los más probable es que se aclaren perfectamente tras unas breves «discusiones» y que cada uno busque su rincón favorito. Pero para ello es imprescindible que dispongan de suficiente espacio. Dos parejas necesitan una pajarera de interior de por lo menos un metro de longitud. Para tres o cuatro parejas hará falta una pajarera de por lo menos 1,50 a 2 metros de longitud con un metro de altura y una anchura de 60-70 cm.

Para mantener una o dos parejas de inseparables, lo ideal es ofrecerles una amplia pajarera de interior con muchos elementos para trepar y buenas posibilidades de vuelo.

> *Mantener juntas varias parejas de inseparables de diferentes especies nos ofrecerá la posibilidad de efectuar interesantes observaciones respecto a su comportamiento social y su alimentación.*

ya que sería muy difícil impedir que saltasen sobre la jaula e intentasen capturar a los pájaros. Vigila muy de cerca a cualquier otro animal que pueda entrar en la habitación de los pájaros, especialmente cuando éstos estén volando libremente.

Un nuevo compañero

Si se muere uno de los miembros de la pareja, habrá que buscarle sustituto lo antes posible. Pero el hecho de que consigas un ejemplar de la misma especie y del sexo adecuado no implica necesariamente que tengan que llevarse bien. Y el que ya tenías en casa siempre se sentirá con ventaja.

Para presentarlos puedes ponerlos en dos jaulas una al lado de la otra para que se vayan conociendo, o directamente en la misma. Pero en este último caso deberás empezar por redistribuir el interior de la jaula (ver pág. 24). También puedes dejar que se conozcan cuando los dejes volar sueltos por la habitación.

Los inseparables y los otros animales domésticos

Los inseparables son muy valientes y no se asustan de los otros animales, pero es mejor que en la casa no haya gatos

Los inseparables y los niños

Los pájaros no son animales de peluche ni les gusta que los «mimen». Pero pueden ser muy adecuados para niños algo mayores y que disfruten observándolos.

Importante: Los adultos siempre deberán responsabilizarse de cuidar correctamente a los animales y nunca dejarán su bienestar en manos de un niño.

SUGERENCIA

Un día en la vida de los inseparables

➤ Desayuno: Por la mañana, cuando los pájaros están en plena actividad, les pondremos agua fresca y comida.

➤ Siesta: A mediodía, a la mayoría de los inseparables les gusta echar una cabezadita.

➤ Una tarde activa: Cada día los dejaremos volar a una hora en la que ya no tengamos ningún compromiso.

➤ Buenas noches: Por la noche cubriremos la jaula con un tela para que los pájaros descansen durante diez horas. Es aconsejable dejar encendida una bombilla de 15 vatios cerca de la jaula para que los animales se puedan orientar durante la noche.

Comportamiento y sentidos

Tus inseparables muestran unas pautas de comportamiento muy definidas que tú, como cuidador, deberás aprender a identificar y a interpretar.

Cuidado del plumaje

El cuidado del plumaje es una de las tareas fijas inclui-

> Este inseparable de Nyassa (Agapornis lilianae) *se cuida perfectamente hasta la más pequeña de sus plumas.*

das en la actividad cotidiana de los agapornis. Al limpiarse, el pájaro simplemente or-

dena con el pico las pequeñas plumas que recubren su pecho y su vientre. Pero las grandes plumas coberteras y rémiges las cuida y alisa muy meticulosamente y de una en una. Con el pico oprime una glándula llamada uropigio que está situada en su pigostilo (parte inferior del dorso) y que produce una secreción que le sirve para engrasar e impermeabilizar su plumaje. Su pareja también colabora en el cuidado del plumaje y le ayuda a «acicalarse» en los lugares a los que no llega con el pico. A estos pequeños psitácidos, los cuidados mutuos que se profesan a lo largo del día les ayuda a mantenerse física y psíquicamente en forma. Los ojos cerrados y la cabeza apoyada en su pareja son una muestra del placer que les provoca este comportamiento tan tierno.

La hora del baño: Los inseparables no es necesario que se bañen cada día, pero sí que lo hagan varias veces a la semana. Al contrario que los periquitos y los diamantes, los inseparables nunca se lanzan directamente al agua para

remojarse por completo. Se sitúan en el borde de la bañera, se inclinan hacia el agua y agitan las alas para salpicarse todo el cuerpo.

Para que los agapornis se bañen es preferible ofrecerles una cubeta plana y ancha en vez de las habituales casetas de baño (ver pág. 16).

Hora de ir a dormir

Si los inseparables se sienten cansados y deciden echar una cabezadita suelen retirarse a descansar un rato en una percha, cierran los ojos y encogen una pata ocultándola entre el plumaje. Muchas veces se les oye emitir un sonido que parece un «rechinar de dientes». Lo producen al frotar el pico y es una señal de cansancio y de bienestar.

Si la cabezadita se convierte en un sueño profundo, entonces el animal gira la cabeza hacia atrás y mete el pico entre las plumas; así es más fácil «desconectarse» y descansar.

El despertar y las horas de actividad

Al despertar, lo primero que

El inseparable de Fischer (Agapornis fischeri) *ya no está solo en su columpio favorito. ¿Conseguirá el otro inseparable llegar a picotear la mazorca de mijo de su compañero de grupo?*

hacen los inseparables es desperezarse. Para ello empiezan por extender totalmente ambas alas y erguirse sobre la percha haciéndose largos y delgados. Para que los compañeros se enteren de que ya es hora de despertarse, suelen batir enérgicamente las alas a la vez que cantan con fuerza.

Necesidad de volar: La vida en la jaula o en la pajarera puede que sea muy confortable, pero lo realmente interesante es poder volar libremente cubriendo largas distancias y ejercitando a fondo la musculatura de las alas. Cuando los inseparables agitan con fuerza las alas pero a la vez se sujetan a la percha es señal inequívoca de que están pidiendo que los dejemos volar sueltos.

Conocerse

Cuando un pájaro nuevo se incorpora a un grupo ya establecido, el resto de la manada lo saluda con un tremendo y ensordecedor griterío. Entonces, los más atrevidos del grupo se acercan al (o los) nuevo/s para observarlos de cerca.

Pautas de comportamiento ligadas al sexo:

➤ Cabeza inclinada junto a su pareja: ¡dame de comer, soy tu hembra!

➤ Actitud de sumisión con las alas extendidas: ¡Hola amigos, soy una chica!

➤ Pequeñas ramitas y trocitos de madera insertados entre las plumas del dorso: ¡Soy

la «señora inseparable» y estoy recogiendo material para el nido!

➤ Recorre la percha de un lado a otro emitiendo sonidos que parecen chasquidos: ¡Hola chicas! ¿Dónde estáis?

➤ Regurgita la comida: ¡Soy un macho y quisiera alimentar a mi compañera!

➤ Se frota la cloaca contra las cuerdas y los juguetes: ¡Soy macho y estoy soltero!

Peleas

Si se encuentran dos hembras que no se conocen –en los inseparables son el sexo dominante y agresivo–, es probable que al principio no duden en atacarse a picotazos con mayor o menor dureza, especialmente si una recién llegada pretende hacerse con un espacio que la otra ya consideraba como propio. Pero generalmente logran aclararse al cabo de poco tiempo y la más débil acaba cediendo. Pero para ello es imprescindible que en la jaula haya espacio suficiente y que dispongan de suficientes perchas y lugares de descanso. De vez en cuando se producen pequeñas disputas o enfrentamientos incluso entre las parejas, pero son de corta duración y enseguida vuelve a reinar la calma; al fin y al cabo, las discusiones conyugales se producen hasta en las mejores familias.

Los inseparables practican una técnica de combate muy peculiar consistente en atacar las patas de su oponente. Si se mantienen demasiados ejemplares en un espacio reducido no es raro que se observen dedos amputados y uñas arrancadas. Por desgracia, esto es algo que no se puede evitar totalmente ni siquiera cuando disponen de mucho espacio. Si observas este tipo de lesiones, consulta a tu veterinario lo que tienes que hacer para evitar que se infecten.

Alimentación y paladar

Los periquitos y los loros se alimentan principalmente de semillas maduras y semimaduras, tanto en libertad como en cautividad. Pero no ingieren la semilla entera, sino que la pelan mediante un movimiento en el que coordinan perfectamente el pico y la lengua. Solamente se comen el interior. Las cáscaras se quedan en el comedero. La carnosa lengua de los psitácidos es una

¡Atención todo el mundo! Estamos hechos el uno para el otro y no queremos que nadie nos separe ni nos moleste.

> *El mijo no sólo es muy sabroso. Si se lo ofrecemos en mazorcas enteras, también los mantendrá muy ocupados.*

más rápidos. La posición lateral de los ojos y la capacidad de girar la cabeza casi 180° les proporcionan un inmenso campo visual. Además, los últimos estudios demuestran que las aves también son capaces de ver la fracción UV de la luz solar. Y esto significa que las aves ven las plantas, los alimentos y a sus congénerse de un modo muy distinto al nuestro.

excelente herramienta, pero también es un sensible órgano táctil que analiza detalladamente el tamaño, la forma y la textura de cada semilla.

Después de comer, estos pájaros se limpian el pico frotándolo por uno y otro lado contra la percha u otro elemento de la jaula (ver pág. 43).

Percepción acústica

No se sabe mucho acerca del oído de las aves. Pero ya que la comunicación intraespecífica parece desempeñar un importante papel en la vida de los inseparables es de suponer que su oído debe de ser muy fino. Así pueden identificar la llamada de sus congéneres aunque se encuentren a gran distancia.

Percepción visual

La vista es el sentido que más distancia a las aves del hombre. Los ojos de las aves tienen que permitirles distinguir en pleno vuelo tanto objetos y movimientos en tierra como los que se producen en el aire a su alrededor. Por este motivo, las aves ven con una definición muy superior a la del hombre o los otros mamíferos. Ni siquiera les pasan desapercibidos los movimientos

Aprende a interpretar
su comportamiento

¿Dominas el lenguaje de tus agapornis?
Aquí descubrirás lo que tus pájaros quieren
decirte con su comportamiento [?] y cómo
deberás reaccionar en cada caso [→].

Ojos cerrados y la cabeza
apoyada en el dorso.

[?] Estos dos inseparables
están durmiendo una
siestecita.

[→] Cuando los inseparables
estén descansando, procura no
hacer ruido y evita que algo o
alguien pueda molestarlos.

El inseparable de la izquierda
se cuelga boca abajo de la
escalerilla de cuerda.

[?] Busca un sitio para aterrizar
antes de emprender el vuelo.

[→] Mantente a una cierta
distancia hasta que despegue y
vuelva a aterrizar.

Este inseparable enmascarado extiende sus patas hacia delante en pleno vuelo.

? Está preparándose para aterrizar sobre una mazorca de mijo.

➜ No te muevas hasta que haya aterrizado.

El pájaro de la derecha le muestra el pico abierto a su compañero e intenta intimidarlo.

? Le gustaría que el otro compartiese sus golosinas (bayas) con él.

➜ A veces se producen pequeñas disputas, pero no son motivo de preocupación.

El inseparable enmascarado mantiene el pico muy abierto.

? No quiere que sus compañeros lo molesten a la hora de la siesta.

➜ Apártate también lentamente y déjalo tranquilo.

Un inseparable le picotea la nuca a otro.

? Los cuidados mutuos ayudan a mantener el plumaje y refuerzan la relación de pareja.

➜ La pareja está disfrutando de sus momentos de intimidad. Por favor, no los molestes.

31

Descendencia y crianza

Actualmente, la reproducción de psitácidos en cautividad está sometida a disposiciones legales y es necesario declararla a los organismos competentes para poder obtener los anillos reglamentarios para las crías.

> *Esta hembra de inseparable de Fischer* (Agapornis fischeri) *lleva en el pico los materiales con los que está construyendo su nido.*

A los polluelos deberás anillarlos tú mismo (o tu veterinario) cuando tengan entre 12 y 15 días de edad.

Preparativos: La mayoría de los inseparables son bastante fáciles de reproducir. En principio, la pareja solamente necesita una caja de anidamiento cerrada y ramitas frescas para la construcción del nido. Si tienes varias parejas, lo más prudente será que para la reproducción las instales en jaulas separadas.

Cortejo y apareamiento

Para atraer a la hembra, el macho corretea de un lado a otro por una rama, se rasca la cabeza con una patita y emite una especie de suaves murmullos y grititos. Cada vez intentará dar de comer a su compañera con más frecuencia. Si ésta cede a sus encantos, se apoya sobre el suelo, abre las alas, levanta las plumas caudales y permite que el macho la monte. El apareamiento se prolonga durante varios minutos.

Nido e incubación

La construcción del nido corre a cargo de la hembra. Emplean el pico (inseparables con anillo ocular) o las plumas del obispillo (*Agapornis pullaria*) para transportar pequeñas tiras de corteza hasta su «cueva» y construir un nido que, según la especie, será más o menos confortable. La hembra pone un huevo cada dos días y se encarga ella sola de

---

SUGERENCIA

El problema de la humedad del aire durante la reproducción

Si a pesar de estar fecundados todos los huevos no nace ningún polluelo, lo más probable es que se deba a que la humedad relativa del aire es demasiado baja. Para aumentarla, o hacer que se conserve elevada en el nido:

➤ es necesario que la hembra que está incubando tenga la posibilidad de bañarse siempre que lo desee,

➤ hay que proporcionarle regularmente ramitas frescas,

➤ puedes pulverizar un poco de agua de vez en cuando sobre el exterior de la caja de anidamiento.

cuidar la puesta (cuatro a seis huevos).

El periodo de incubación de los inseparables dura de 21 a 25 días. Al igual que el desove, la eclosión de los huevos también se produce de dos días en dos días. Sabremos que han nacido cuando los oigamos piar desde el interior de la caja. Muchas veces sucede que no todos los huevos están fecundados. Deja pasar algunos días para asegurarte de que son estériles y luego retira los huevos que no hayan hecho eclosión. Dado que los huevos eclosionan a lo largo de varios días, al final en el nido habrá polluelos de diferentes tamaños y en diferentes estadios de desarrollo.

Al principio, su alimentación y cuidado corren exclusivamente a cargo de la hembra. Hay que controlar el nido a diario, y si los polluelos están bien alimentados deberán tener la cabeza gruesa y se apreciará una tonalidad amarillenta bajo la piel del cuello.

El cortejo ha tenido éxito: para el apareamiento, el macho monta a la hembra por detrás mientras ésta se aprieta contra el suelo.

Desarrollo de los polluelos

Los polluelos nacen desnudos y con los ojos cerrados, pero al cabo de dos semanas ya empiezan a aparecerles las primeras plumas y abren los ojos. A partir de ese momento, el macho también participa en el cuidado y la alimentación de su prole. Al cabo de tres o cuatro semanas los polluelos ya están casi totalmente recubiertos de plumas, y a las cinco semanas ya podremos ver como los mayores empiezan a asomarse con curiosidad por la abertura de la caja de anidamiento. A esta edad suelen abandonar el nido por primera vez, aunque durante poco rato. Ahora los polluelos solamente se diferencian de sus padres por tener una coloración más apagada y por el color oscuro de la base del pico.

A la edad de ocho a diez semanas ya son capaces de comer solos y se **independizan**. En ese momento se los puede separar de los padres. A los seis o siete meses, después de la muda juvenil, su aspecto ya es idéntico al de los adultos. Los inseparables alcanzan la madurez sexual a la edad de seis a nueve meses, pero no es conveniente dejar que se reproduzcan antes de tener un año.

Cuestiones acerca de la reproducción

¿Por qué tengo que anillar a los inseparables nacidos en casa?

Es obligatorio que los criadores de psitácidos anillen a todas sus crías. El anillo es el único medio que nos permite identificar con seguridad a los loros. Al venderlos, el criador, la tienda o el hogar de acogida apuntan en su registro el número del anillo y los datos del nuevo propietario del animal. Esto permite, por una parte, demostrar si se trata de animales capturados en la naturaleza o criados en cautividad y, por otra, seguir el rastro del pájaro. Así, en caso de psitacosis (ver pág. 47) se puede averiguar con qué otros pájaros ha podido estar en contacto el ejemplar infectado. Si un pájaro se fuga y lo capturan en otro lugar, los datos del anillo permiten localizar a su propietario.

¿Qué pasa si solamente quiero hacerlos criar una vez?

También en este caso necesitarás una autorización de cría (ver pág. 32). Una pareja de agapornis puede sacar adelante hasta seis polluelos por nidada. Y al alcanzar la madurez sexual, cada uno de estos pájaros buscará un compañero del otro sexo y sin relación de parentesco. Por tanto, es posible que acabes con un total de hasta 14 animales (siete parejas, contando los padres) para las que necesitarás siete jaulas o una gran pajarera de 3 x 2 x 1 metros. No es conveniente mantener a los hermanos por parejas ni cederlos así a otras personas, ya que raramente habrá en una nidada el mismo número de machos que de hembras. Además si se cruzan hermanos entre sí, se corre el riesgo de que surjan complicaciones relacionadas con la endogamia.

¿Puedo cruzar inseparables de distintas especies?

En teoría sí, pero existen buenos motivos para que no lo

Después de una jornada llena de emociones, la pareja de inseparables se entrega a una larga sesión de cuidados y caricias mutuas.

hagas. El resultado de estos cruzamientos serían individuos híbridos que no existen en la naturaleza. Recientemente se han observado poblaciones híbridas en algunas regiones de África (ver pág. 7), y esto significa que las especies originales van a acabar desapareciendo a un plazo más o menos corto. Por tanto, muchos criadores se esfuerzan en mantener las estirpes puras, por lo menos en cautividad. Y realizar hibridaciones en cautividad no sería más que sabotear sus esfuerzos, sobre todo si tenemos en cuenta que los híbridos de inseparables con anillo ocular son fértiles y pueden reproducirse. Los híbridos resultantes de cruzar un inseparable con anillo ocular y uno sin anillo ocular son estériles, por lo que esta vía conduce biológicamente a un callejón sin salida.

? Mi hembra está siempre poniendo huevos. Seguro que no puede ser bueno para ella.

Cuando una hembra vive sola, es muy mansa o se aburre mucho con su compañero, puede suceder que adquiera la mala costumbre de desovar continuamente. Y a la larga esto la debilita porque pierde mucho calcio. Por tanto, las cajas de anidamiento nunca deberán formar parte del equipamiento habitual de la jaula. Si a pesar de todo sigue poniendo huevos, encárgate de que no sean incubados. Puedes hervirlos o sustituirlos por huevos artificiales. Así la hembra podrá incubarlos tranquilamente durante tres semanas y dar rienda suelta a su instinto. Nunca retires los huevos del nido sin sustituirlos por un sucedáneo. La hembra intentaría volver a desovar para paliar la pérdida. Si a pesar de todo sigue desovando, deberás analizar las condiciones en las que vive. Las hembras que viven solas necesitan un compañero. Si te es posible, añade también otra pareja de inseparables. En grupo viven mejor y se aburren menos ya que se establece una cierta competitividad entre ellos que les es muy saludable. También es conveniente que les disminuyas el fotoperiodo y les proporciones sólo ocho horas de luz al día. Si el cambio de las condiciones de vida no surte efecto, es probable que debas recurrir a los tratamientos hormonales o que tengas que llevar el animal al veterinario para que la castre.

Alexandra Broich

MIS CONSEJOS PERSONALES

Así conseguirás criarlos

➤ Antes del desove, deberás empezar por alimentar a la pareja reproductora más que de costumbre. Ofréceles sales minerales en forma de pluma de sepia o de bloques de minerales y proporciónales también grano germinado, proteínas y alimentos para cría.

➤ Procura no molestar a los pájaros cuando estén incubando, ¡es suficiente con controlar el nido una vez al día!

➤ Para evitar que otros adultos molesten a los polluelos, úntalos con aceite de hígado de bacalao u otra sustancia con mal sabor. También puedes bloquear la abertura de la caja con una malla que solamente permita que los padres los alimenten.

➤ Si los padres no alimentan a su prole, la única solución será alimentar a los polluelos a mano con una cuchara o con una jeringa. En las tiendas de animales venden alimentos especiales para estos casos.

➤ Los ejemplares alimentados a mano hay que integrarlos lo antes posible en un grupo con otros de su especie para que puedan aprender de los adultos.

35

Salud y bienestar

El alimento adecuado

Es importante que los pájaros que viven en cautividad reciban una alimentación sana y variada para que no se produzcan estados carenciales, casos de obesidad o lesiones hepáticas. Sin embargo, es totalmente imposible proporcionarles una dieta como la que encuentran cuando viven en libertad.

Una mazorca de maíz entera: ¡la diversión está asegurada!

Grano

El alimento básico de los inseparables está formado por una mezcla de distintos tipos de semillas secas. Las mezclas equilibradas contienen muchas semillas ricas en carbohidratos y pocas ricas en grasas. En ellas predominan el mijo, los cereales autóctonos, el alpiste y el trigo negro, y hay poca cantidad de lino, cáñamo y otras semillas grasas. Estas mezclas las encontrarás en cualquier tienda de animales, pero también puedes enriquecerlas con muchas otras semillas para hacer que la dieta de tus pájaros sea aún más variada.

Otro cereal del que no debemos olvidarnos son las mazorcas de mijo. Ofréceselas como golosina una o dos veces a la semana.

Fíjate bien en que el alimento esté siempre en buenas condiciones. Es fácil reconocer el alimento en buen estado: deberá estar libre de polvo y de parásitos, y no olerá a podrido ni a rancio. Las semillas no presentarán agujeros ni cambios de color extraños. También es necesario respetar la fecha de caducidad que se indica en el envase. Hay que tener mucho cuidado con las pipas de girasol y los frutos secos, ya que pueden estar contaminados por hongos.

Importante: El grano no constituye nunca una dieta única; hay que complementarlo con alimentos frescos y minerales.

Alimentos frescos

Son ricos en vitaminas y minerales que no se encuentran en las semillas o que sólo están presentes en pequeñas cantidades.

Podemos darles:

➤ **Fruta:** Manzana, uva, pera, naranja, mandarina, ciruela, melocotón, cerezas, fresas, higos, pasas.

➤ **Bayas:** Saúco, escaramujos, brezo, frambuesa, serbal de los cazadores.

➤ **Verduras:** Pepino, colinabo, maíz (en mazorca), zanahoria, col, pimiento (con semillas).

➤ **Plantas silvestres y de hojas verdes:** Pamplina, diente de león, lechuga, espinaca, acedera, acelga, llantén mayor (hojas y frutos), zurrón de pastor.

Además de nutrientes, los alimentos frescos mantienen a

los pájaros muy ocupados en una actividad totalmente normal para ellos. Por este motivo también es conveniente añadir ramitas frescas (ver pág. 15). Los inseparables poseen una especial habilidad para pelar la corteza de las ramas, lo cual les proporciona unos nutrientes muy valiosos.

Vitaminas y minerales

El grano contiene muy pocos minerales (calcio, sodio) y vitamina A, por lo que no puede cubrir las necesidades de los pájaros.

Alimentos frescos a diario: para que los inseparables se mantengan sanos y en forma hay que proporcionarles fruta, hortalizas y verdura.

Las principales reglas para su alimentación

	¿Qué hay que hacer?
¿Cuándo dar de comer?	Cambia la comida y el agua cada día a la misma hora; lo mejor es hacerlo por la mañana, que es cuando los pájaros están más activos.
¿Cuánto grano hay que darles?	Dales solamente la cantidad que realmente puedan comer. Si les pones demasiado elegirán sólo aquellos granos de la mezcla que más les gusten.
¿Cuánta comida fresca hay que darles?	Cada día hay que darles a los pájaros varios tipos de alimento fresco en abundancia, especialmente si se han vuelto demasiado «aficionados» al grano rico en grasas y debemos racionarles ese tipo de alimento.
¿Dónde hay que ponerles la comida?	Lo ideal es emplear comederos planos y anchos de acero inoxidable o cerámica; son fáciles de limpiar y los inseparables no los destrozan con el pico. Emplea un comedero distinto para cada tipo de alimento.
¿Cómo hay que darles de comer?	La fruta y las hojas verdes se trocean y se ponen en un comedero. Pero también es importante poner algunos trozos grandes –o frutas enteras– para que los pájaros se mantengan ocupados.
¿Cada cuánto hay que darles de comer?	Cada día hay que darles grano, fruta u hojas verdes, agua y, si se desea, también grano germinado.

Vitaminas: Si a tus inseparables les gustan la fruta y la verdura y se la ofreces a diario, no te preocupes porque vayan a faltarles vitaminas. En estos alimentos frescos encontrarán todos los nutrientes que necesitan. Por desgracia, algunos pájaros rechazan sistemáticamente cualquier tipo de alimento fresco. Si te encuentras

tienda de confianza (o tu veterinario) te indicarán cuáles son los productos más apropiados para añadir a la comida o al agua de tus inseparables.

Minerales: Para asegurar el suministro, ofréceles a tus pájaros una pluma de sepia, una piedra caliza o un bloque de cal de algas marinas. No es cierto que sea necesario dejar la pluma de sepia en remojo antes de dársela. Recordemos también la importancia de las piedrecitas (cascajo) que ingieren para facilitar la digestión (ver pág. 16). Las tragan y permanecen en la molleja para triturar los alimentos. Generalmente encuentran estas piedrecitas entre la arena para pájaros. Pero si empleas otro tipo de sustrato deberás colocar un recipiente con cascajo o piedrecitas.

Alimento germinado: El alimento germinado (ver recuadro de esta página) es un excelente complemento del grano cuando están criando a los polluelos o en caso de problemas digestivos. A los padres les es más fácil alimentar a su prole con grano germinado que con grano seco y duro. A los adultos también les es más fácil de digerir. Pero los granos húmedos se estropean con facilidad y hay que renovarlos cada día. De todos modos, el grano germinado no es más rico en vitaminas que el que está sin germinar.

Alimentos con huevo y para crianza

Los alimentos con huevo y para crianza son unos complementos muy importantes y podrás conseguirlos en cual-

¿Quién manda aquí? ¿El *inseparable enmascarado* (Agapornis personata) *de la izquierda, o el inseparable de Nyassa* (Agapornis lilianae)?

con este caso no tendrás más remedio que recurrir a complementos vitamínicos. En tu

quier tienda de animales. El alimento con huevo tiene apariencia de galleta, mientras que el de crianza incluye una buena variedad de insectos secos. Ambos alimentos son una buena fuente de proteínas para los pájaros, y éstos las necesitan en determinadas fases de su vida, como por ejemplo cuando están incubando, durante la crianza de los polluelos, durante el crecimiento y cuando mudan. Los alimentos con huevo y de crianza podemos dárselos secos, humedecidos con leche desnatada o bien mezclados con fruta o grano germinado (ver recuadro de la izquierda), pero siempre hay que ponerlos en un comedero aparte. En los dos últimos casos hay que renovarlo a diario. **Advertencia:** Ambos tipos de alimentos son complementos para ejemplares adultos o subadultos, ¡pero no son adecuados para alimentar a mano a los polluelos huérfanos (ver pág. 35)!

Las cosas no siempre son tan fáciles como parecen: a veces hay que esforzarse por conseguir las golosinas y no hay ocasión de aburrirse.

Lo que no hay que darles de comer

Existen algunas cosas que están totalmente contraindicadas para los inseparables. Entre ellas se cuentan:

➤ Alimentos muy condimentados, como por ejemplo queso, ya que contienen demasiada sal de cocina.

➤ Leche y productos lácteos. Las aves carecen de lactasa, que es el enzima que degrada la lactosa, por lo que estos alimentos les producirían diarrea.

Golosinas: Las golosinas para pájaros suelen contener mucha miel o azúcar, por lo que son productos muy energéticos. Les podemos conceder el capricho una vez a la semana pero, por favor, no más.

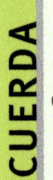

Cuidados básicos

Normalmente, los inseparables se encargan perfectamente de su aseo personal y no
necesitan para nada la ayuda
humana. Las parejas que se
llevan bien se ayudan mutua-
mente y cada uno se encarga
de que el plumaje de su com-
pañera/o esté perfectamente
liso y le arranca también las
plumas viejas o deterioradas.
Además, mediante el baño,
cada uno se encarga de acabar
de limpiar su plumaje para tener un aspecto inmejorable.
Existen muy pocos aspectos
de su cuidado personal que
no dominen y en los que tengamos que intervenir.

Cortar las uñas

Puede ser necesario si en vez
de ramas naturales les pone-
mos perchas de plástico o de
madera dura (ver pág. 15), o
en el caso de ejemplares viejos
y poco activos. Para cortarles
las uñas a los inseparables hay
que emplear una tenacilla especial o una tenacilla de uñas.
Pero primero tendrás que emplear una linterna y mirar las
uñas a contraluz para ver los
capilares que las irrigan y evitar dañarlos. Corta unos milí-
metros por encima de éstos. Si
se produce una hemorragia es
necesario taponarla con un
trozo de algodón. Si tienes dudas será mejor que dejes que
sea tu veterinario quien les
corte las uñas.

Corregir el pico

En los inseparables nunca llega a ser necesario intervenir
para recortar el pico, ya que
éste suele conservar su tama-

> *Aseo personal: los
> inseparables se alisan
> frecuentemente el
> plumaje con el pico.*

Calendario de cuidados

A diario:
- ✔ Cambiar la comida, el agua de beber y el agua del baño. Limpiar todos los recipientes bajo el grifo.
- ✔ Eliminar los restos de fruta y hojas verdes, añadir alimentos frescos.
- ✔ Eliminar la suciedad más notoria del sustrato, la jaula y las perchas.

Una vez a la semana:
- ✔ Revisar el recipiente con la pluma de sepia o arena de conchas. Limpiar o renovar si es necesario.
- ✔ Cambiar la arena para pájaros u otro sustrato que se esté empleando. Lavar la cubeta inferior de la jaula bajo el grifo con agua caliente.
- ✔ Eliminar las ramas viejas y poner nuevas (ver pág. 15) en la jaula; limpiarlas con un cepillo.
- ✔ Lavar las perchas de reposo y/o la caseta con agua hirviendo.

Una vez al mes:
- ✔ Si es necesario, renovar las perchas de reposo, la caseta y las cuerdas de descanso y para jugar.
- ✔ Lavar todas las rejas con agua hirviendo.

Después de que un pájaro haya superado una enfermedad:
- ✔ Limpia la jaula a fondo con desinfectantes de uso veterinario (consulta en tu tienda o a tu veterinario). Al acabar, acláralo todo con agua corriente.

> 1 Afilar las uñas

Si las uñas son demasiado largas el pájaro no se puede sujetar bien a las ramas porque no puede agarrarse correctamente con los dedos. Para que el animal desgaste sus uñas de un modo natural hay que ofrecerle ramas naturales con corteza áspera y diferentes diámetros. Así siempre tendrá que agarrarse a una superficie distinta.

> 2 Limpieza de pico

Después de comer, y especialmente si había alimentos pegajosos, los pájaros se limpian el pico frotándolo hacia uno y otro lado contra una superficie. Así eliminan los restos de comida que pudieran haber quedado pegados y evitan una posible infestación por hongos. Para limpiarse el pico necesitan ramas naturales que tengan la corteza áspera.

ño normal por sí solo. Si el pico crece demasiado o se vuelve quebradizo siempre es un indicio de que el animal está enfermo o tiene un problema metabólico (por ejemplo, en el hígado). En este caso será necesario que lleves a tu pájaro al veterinario para que éste diagnostique la causa. Si a causa de una enfermedad fuese necesario recortar regularmente el pico, será mejor que dejes que lo haga el veterinario o un cuidador con amplia experiencia. Con el tiempo, un buen aficionado también puede aprender a hacerlo. Para recortar el pico se puede emplear un cortaúñas afilado.

Cuidado de la jaula

Así como dedican mucho tiempo a su aseo personal, los agapornis no le dan mucha importancia al aspecto que pueda tener su hogar. Y éste es el punto en que nosotros tendremos que intervenir (ver recuadro de la izquierda).

Limpieza general: Cuando llega el momento de llevar a cabo la limpieza general programada en el calendario de trabajo, es mejor hacerlo durante el rato en que los pájaros disfrutan de su sesión de vuelo libre. Así podrás trabajar tranquilamente sin que tus inseparables revoloteen desesperadamente de una percha a otra. Saca la bandeja del fondo y lávala en el jardín o en la bañera empleando agua caliente y un cepillo fuerte. Haz lo mismo con la parte superior de la jaula y cambia las ramas y cuerdas de su interior. Para la limpieza no hay que emplear más que agua caliente y detergente doméstico. No es necesario usar productos de limpieza más agresivos.

Prevención de enfermedades

A un pájaro sano se le reconoce por tener el plumaje liso, uniforme y sin coloraciones anormales, por sus ojos brillantes y despiertos, por su mirada atenta y por su vivacidad y carácter. Los alrededores de las aberturas nasales y de la cloaca deben estar secos y limpios, sin costras. Los excrementos normales de los inseparables son de color gris marrón y de forma ondulada. Sobre ellos se aprecian unas pequeñas manchas blancas que corresponden a la orina. La expulsan a la vez que los excrementos. Durante la época del desove, las hembras defecan con menor frecuencia y sus excrementos son de mayor tamaño, por lo que no se trata de ningún síntoma de enfermedad.

Síntomas de enfermedades

➤ El pájaro duerme más de lo habitual, se muestra apático.
➤ Permanece inmóvil en la percha, o incluso en el suelo, con las plumas levantadas y los ojos cerrados.
➤ Tiene dificultades para respirar (agita la cola).
➤ Mantiene las alas caídas o no tiene ganas de volar.
➤ Sus excrementos no tienen una forma definida, sino que son pastosos y presentan una coloración anormal.
➤ La orina no aparece en forma de manchas blancas, sino que de repente es transparente y forma un charco.

Posición erguida, plumaje liso y unos ojos vivaces que observan atentamente el mundo que les rodea: iéste es el aspecto que han de tener unos inseparables sanos! Si además gozan de un buen apetito, es señal de que están en perfectas condiciones.

> *Cuando un pájaro no se encuentra bien, busca el calor que le ofrece la lámpara de infrarrojos.*

Estos dos últimos síntomas corresponden a una disfunción digestiva o renal. Si la situación no mejora en dos o tres días puedes tener la seguridad de que hay algo que no va bien.

Importante: No siempre es fácil detectar a tiempo los primeros síntomas de enfermedad ya que, por instinto, los pájaros se esfuerzan por disimular su malestar para evitar atraer a posibles predadores. Por lo tanto, cuando descubrimos que hay algo que no va bien el animal ya suele estar gravemente enfermo. Entonces no hay que perder el tiempo. Mi consejo: Llévalo inmediatamente a un veterinario de confianza.

Primeros auxilios

Si por algún motivo no te fuese posible ir inmediatamente al veterinario, puedes intentar ayudar a tu pájaro recurriendo a medios domésticos.

➤ Lámpara de infrarrojos o luz roja: La mayoría de los pájaros, cuando se encuentran mal intentan acercarse a alguna fuente de calor. Coloca la lámpara calefactora delante de la jaula y dirigida hacia una esquina de ésta, de modo que el pájaro pueda entrar o salir de la zona caliente cuando lo desee.

➤ Té negro, infusión de manzanilla, carbón vegetal: Las diarreas leves se pueden combatir sustituyendo el agua del bebedero por una infusión de manzanilla o de té negro y colocando un comedero con carbón vegetal para pájaros. Durante ese tiempo deberás dejar de darles fruta fresca. En vez de esto, puedes ofrecerles mazorcas de mijo, ya que los inseparables las picotean a gusto aunque tengan poca hambre. Si al cabo de dos o tres días no se aprecia ninguna mejoría habrá que llevar el animal al veterinario.

Botiquín de urgencias: Dedica una caja o un cajón para guardar todo aquello que puedas necesitar en caso de que surja alguna complicación. Deberás incluir algodón y gasas para detener hemorragias, solución de betaisodona (para desinfectar heridas), bastoncitos con algodón (para aplicar la solución), infusiones y carbón vegetal para pájaros, glucosa (para estados de

SUGERENCIA

Es mejor prevenir

➤ Dedica cada día un cuarto de hora a observar a tus pájaros sin que ellos se den cuenta.

➤ Si los pájaros viven en una pajarera al aire libre hay que examinarlos periódicamente para ver si tienen gusanos u otros parásitos y tratarlos si es necesario.

➤ Ten siempre a mano la dirección de un buen veterinario especialista en pájaros exóticos.

➤ No dudes en ir al veterinario. No tratar una enfermedad siempre es peor que el estrés que pueda causar el transporte del animal hasta la consulta.

Enfermedades de los inseparables y su tratamiento

Síntomas	Diagnóstico	Tratamiento
Patas hinchadas	Infección provocada por una lesión en las uñas o por el anillo.	Tratamiento veterinario. ¡Eliminar en el anillo!
Prurito. El animal se rasca. Zonas calvas.	Ácaros de la piel o del plumaje.	Tratamiento veterinario.
Delgadez y debilidad.	Ácaro rojo (infestación ambiental).	Tratamiento veterinario, desinfectar el entorno.
Delgadez, estreñimiento.	Gusanos.	Tratamiento veterinario.
Agudo: La hembra se sienta sobre el suelo y aprieta. Crónico: Deja de poner huevos, engrosamiento del abdomen, no tiene ganas de volar, delgadez avanzada, las plumas adquieren un color rojizo.	Retención de huevos.	¡Emergencia! Llévala inmediatamente al veterinario para que le extraiga los huevos; tratamiento hormonal y con antibióticos; puede ser necesario eliminar el huevo y/o el ovario por vía quirúrgica.
Plumas con coloración anormal roja o amarilla.	Disfunción hepática o renal; retención de huevos crónica.	Tratamiento veterinario para mejorar los procesos metabólicos en el hígado y/o riñón.
Hipertrofia del pico.	Disfunción hepática o renal, lesión en la zona de crecimiento del pico.	Tratamiento veterinario para mejorar el metabolismo renal y hepático, recortar el pico con frecuencia.
Insuficiencia respiratoria, diarrea.	Infección fúngica de los sacos aéreos (aspergillosis).	Tratamiento veterinario con antimicóticos por inhalación. ¡Asegurarse de que el alimento no esté contaminado con hongos!

Enfermedades que suelen presentarse en los inseparables, y que siguen siendo relativamente poco conocidas por los cuidadores y veterinarios; su tratamiento deberá dejarse en manos de un veterinario especializado en aves exóticas:

PBFD (Psittacine Beak and Feather Disease – enfermedad de pico y pluma): conocida también como «putrefacción del plumaje», es una grave enfermedad vírica que produce alteraciones y pérdidas en el plumaje y a veces también malformaciones del pico; casi todos los inseparables son portadores del virus, pero es raro que la enfermedad llegue a manifestarse.

EMA (Eccema *Melopsittacus et Agapornis* –eccema de los periquitos y los inseparables): eccema cutáneo provocado por picotearse la parte inferior de las alas y el dorso; incapacidad para volar, hemorragias y costras. Posibles causas: estrés (falta de compañía de su especie, mantenimiento incorrecto), virus de la PBFD, alergias. Suele agravarse por la acción de bacterias y hongos cutáneos.

Megabacteriosis (infección del proventrículo), conocida también como «Going-light-syndrom»: Se manifiesta por un comportamiento apático, vómito del grano, presencia de granos sin digerir en los excrementos, adelgazamiento.

debilidad) y gotas para estados de shock (preparado de flores de Bach).

La jaula-enfermería

Cuando uno de los pájaros se ponga enfermo deberás evaluar cuidadosamente si vale o no la pena que la pareja permanezca junta. Si al pájaro enfermo lo separamos de su pareja podemos causarle un estrés que le agrave la enfermedad. Solamente habrá que separarlos si se trata de una enfermedad infecciosa o si la pareja no sólo no cuida al enfermo sino que le ataca o lo persigue. En este caso, instálalo en una pequeña jaula-enfermería (también te servirá para llevarlo al veterinario).

Administración de medicamentos

Para aguantar al pájaro con seguridad, rodéalo por detrás con la mano izquierda de modo que se apoye sobre ella. Sujeta su cabeza con los dedos pulgar e índice y emplea los demás para inmovilizarle el cuerpo. Entonces, introdúcele el medicamento lateralmente por el pico empleando una jeringuilla desechable sin aguja. Cuando tus pájaros estén sanos, entrénate de vez en cuando a cogerlos y sujetarlos

correctamente con la mano por si un día tuvieses que verte obligado a hacerlo.

Psitacosis

La psitacosis, conocida también como ornitosis o clamidiosis, es una enfermedad infecciosa que no sólo ataca a los loros, sino también a otras aves e incluso al hombre. Es una de las enfermedades animales de declaración obligatoria, incluso en el caso en que solamente se sospeche su presencia. Su tratamiento sigue unas directrices muy estrictas establecidas en las normativas de cada país.

El vector de la clamidiosis no es una bacteria ni un virus, sino un microorganismo parasitario llamado *Chlamydia psittaci*. Las aves se contagian a través de excrementos infectados, polvillo de las plumas o secreción nasal. En las aves, los principales síntomas son insuficiencia respiratoria, conjuntivitis y excrementos de color verde. Algunos pájaros pueden mantenerse sanos y transmitir el parásito sin llegar a presentar ningún síntoma.

Para realizar el **diagnóstico** es necesario analizar los excrementos o un frotis de la cloaca. Actualmente ya no es obligatorio sacrificar todas las

aves de una instalación en cuanto se detecta un caso de psitacosis, pero es necesario administrarles un tratamiento específico a base de antibióticos (tetraciclinas).

Importante: En las personas, los síntomas de la psitacosis son muy similares a los de una gripe o un resfriado fuerte. Si se tienen pájaros en casa y se sufre un resfriado «resistente» es necesario indicárselo al médico de cabecera.

> *¿Un poco de acrobacia? Para un inseparable sano eso no es ningún problema.*

Cuestiones acerca de
la alimentación y de los cuidados

A nuestros pájaros les encanta las pipas de girasol. ¿Pueden hacerles daño?
Si las pipas son de buena calidad y no les das demasiadas, estupendo. Sin embargo, sería mejor sustituir las pipas de girasol por semillas de alazor. En cualquier tienda de animales podrás adquirir mezclas preparadas para inseparables y cotorras en las que no hay pipas de girasol. Pero tanto las pipas de girasol como las semillas de alazor son semillas muy ricas en grasas, por lo que habrá que administrarlas con moderación.

Mis inseparables no quieren comer fruta ni ningún otro tipo de alimento fresco. ¿Qué puedo hacer?
En este caso lo único que puedes hacer es insistir en ofrecerles los más diversos tipos de frutas y verduras así como hierbas y plantas silvestres. A veces hace falta ir probando durante años hasta dar con algo que sea de su agrado. A veces el problema no está en la comida en sí, sino en la forma de ofrecérsela. En vez de trocear la fruta y ponerla en el comedero, córtala a rodajas y cuélgala de las perchas con pinzas de la ropa; prepara «pinchos morunos» con trozos de frutas y verduras; ofréceles el maíz en mazorca; cuelga ramilletes de bayas por la jaula. Quizás al entretenerse en destrozarlas se animen también a comer. Mientras los pájaros no coman alimentos frescos deberás añadir un complejo vitamínico al agua o al alimento una o dos veces por semana.

¿Qué son los pellets? ¿Puedo dárselos?
Los pellets para aves son un extrusionado de grano al que se le han añadido las vitaminas y minerales que faltan en este tipo de alimento. Por lo tanto son un alimento muy

Pipas de girasol madurando en la flor: un entretenimiento tan sabroso como divertido.

completo y que podemos dárselo sin necesidad de añadir fruta o verdura. Si los pájaros no aceptan alimento fresco puede ser muy útil alimentarlos a base de pellets. También se pueden emplear ocasionalmente como sustituto del grano. Sin embargo, a la larga no es aconsejable alimentarlos exclusivamente a base de pellets ya que no está muy claro cuáles son sus efectos a largo plazo en la digestión y en la psique de las aves.

A mi pájaro se le están cayendo todas las plumas. ¿Qué le pasa?

La pérdida de plumas puede deberse a varios motivos. Muchos agapornis se arrancan las plumas ellos mismos, sea por motivos psíquicos tales como estrés, falta de compañía, compañía inadecuada o mantenimiento erróneo, o bien por causas orgánicas tales como enfermedades internas. La pérdida de plumas también puede tener su origen en enfermedades tales como micosis cutáneas, estados carenciales (vitaminas, minerales), alteraciones hormonales (tiroides, gónadas) o determinadas infecciones víricas (virus de la PBFD). El único modo de saber con se-

guridad lo que le sucede es dejando que el veterinario lo examine a fondo.

A veces mi pájaro se cae de la percha, aletea con fuerza y da vueltas sobre sí mismo. ¡Al cabo de poco rato vuelve a comportarse con normalidad y como si nada hubiese sucedido! ¿Qué sucede?

Estos ataques son relativamente frecuentes en los agapornis débiles o de cierta edad. Puede deberse a muchas causas, como por ejemplo una disfunción metabólica crónica (hígado, riñón), problemas cardiovasculares (edad), estados carenciales, intoxicaciones o infecciones que se manifiestan en el sistema nervioso central. Busca un veterinario experto en aves exóticas y deja que sea él quien efectúe el diagnóstico. En los casos de problemas cardiovasculares y lesiones orgánicas internas se han obtenido resultados sorprendentemente buenos aplicando remedios homeopáticos.

¿Cuánto viven los inseparables?

La mayoría de los inseparables viven unos 15 años. Pero tampoco es raro que alcancen los 18-20 años.

Alexandra Broich

MIS CONSEJOS PERSONALES

¿Qué hacer durante las vacaciones?

El hecho de tener pájaros no implica que tengas que dejar de irte de vacaciones. Sin embargo, te recomiendo que los dejes en casa y no te los lleves contigo.

➤ Busca con antelación alguna persona de toda confianza que pueda quedárselos o que pueda ir a tu casa a cuidarlos. Enséñale bien todo lo que ha de hacer.

➤ Antes de irte de vacaciones, limpia a fondo la jaula y todos sus accesorios. Lo ideal sería que lo hicieses junto con la persona que va a cuidar los inseparables durante tu ausencia.

➤ Explícale todos los alimentos y complementos alimenticios que hay que darles. Dáselo todo por escrito.

➤ Asegúrate de dejar alimentos, arena, medicamentos, etc., para todo el tiempo que vayas a estar ausente.

➤ Déjale al cuidador el teléfono y la dirección de tu veterinario, e indícale también la forma de localizarte en caso de necesidad.

49

Actividades y aprendizaje

Juegos para despertar su curiosidad

Si hay algo que el cuidador de inseparables no va a tener que hacer nunca es excitar su curiosidad, ya que estos pequeños psitácidos son muy curiosos por naturaleza. La mayoría no llegan a domesticarse por completo, pero con ellos nunca nos aburriremos ni nos cansaremos de contemplarlos en acción.

Naturalmente, lo que más les interesa son todas aquellas cosas que no estén sujetas ni clavadas. Y no abandonan hasta haberlo reducido todo al tamaño de cerillas. Entonces es cuando pueden aburrirse, por lo que el cuidador de inseparables se verá obligado a buscarles siempre nuevos juguetes.

Juguetes comerciales

➤ Cuerdas, columpios, aros, puentes colgantes: cuanto más se muevan y oscilen, más les divierten. También les ayudan a mantener sanas sus patitas y a ejercitar todos los músculos.

➤ Les encanta investigar esos nidos de paja redondos que se venden para los roedores, y disfrutan de lo lindo destrozándolos. También podemos darles columpios, balancines y tubos que en principio están pensados para pequeños roedores.

➤ Los tubos de corcho natural son un excelente terreno de juego y de aventuras para los inseparables. Son un lugar excelente para esconderse y para trepar, y también pueden picotearlos a sus anchas.

Juguetes improvisados

➤ Ponles las ramas naturales no sólo en posición horizontal para que les sirvan de percha (página 53, centro), sino también en ramilletes verticales sujetos a los laterales de la jaula o colgando del techo. Te sorprenderás al ver en qué ángulos son capaces de trepar y aterrizar tus pájaros sin la más mínima dificultad.

➤ ¡Qué divertido! Este columpio de cuerda no sólo es un buen juguete sino que además se puede picotear.

SUGERENCIA

La alegría del juego

➤ Acostumbra a tus inseparables a las cosas nuevas. Así no dudarán en investigar cualquier novedad.

➤ No todos los juguetes resisten los ataques de su pico. Los juguetes de plástico y las campanillas pueden romperse en pedacitos que pueden ser ingeridos por los pájaros.

➤ Los pájaros de plástico y los espejos no son juguetes, sino instrumentos de tortura para pájaros.

1 ➤ **Mazorcas de maíz**

El maíz es un buen alimento, pero los inseparables lo disfrutarán aún más si se lo ofrecemos en mazorca. Así no sólo comen, sino que también se entretienen.

2 ➤ **Ramitas con bayas**

Los inseparables se esfuerzan por conseguir hasta la última baya. Además, disfrutan de lo lindo picoteando la rama y arrancándole la corteza

3 ➤ **Columpio con comida**

Ponles las mazorcas de mijo en un columpio o en otro lugar que se mueva libremente y verás las acrobacias que son capaces de hacer tus inseparables.

➤ La naturaleza ha previsto que las ramas cambien de aspecto varias veces al año, y los pájaros saben aprovecharse de ello: en invierno «sólo» son corteza y madera, pero en primavera se llenan de brotes y flores. En verano y en otoño podrás disfrutar contemplando a tus pájaros haciendo acrobacias entre un bosque de hojas o esforzándose por conseguir las últimas bayas.

➤ Pero a los inseparables también les encanta jugar con elementos «domésticos». Disfrutan llevando de un sitio a otro los tubos de cartón de papel higiénico o del papel de cocina, haciéndolos rodar y, finalmente, destrozándo-

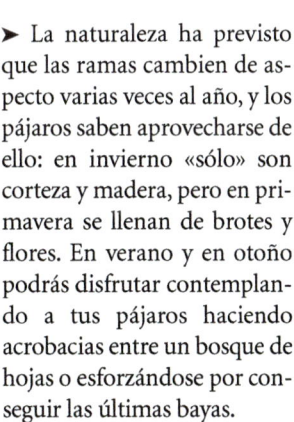

los. También les gusta jugar con cestos viejos o elementos de mimbre, que más tarde o más temprano tendrán el mismo destino que los tubos de cartón o las ramitas.

Comida «encontrada»

➤ A los inseparables les encanta descubrir y destrozar las pelotitas de rejilla (de venta en tiendas de animales) llenas de mijo, lechuga, plantas silvestres o pamplina. Además les ayudan a mantenerse en forma.

➤ Los tubos de cartón (ver más arriba) podemos rellenarlos con mazorcas de mijo u otras golosinas, de modo que los pájaros tengan que

trabajar un poco antes de podérselas comer.

➤ Ir en busca de comida es un buen ejercicio y los mantiene en forma. Por lo tanto, esparce un poco de alimento por el suelo o ponlo en una cubeta mezclado con arena o con granulado de madera. O esconde sus golosinas siempre en un lugar distinto.

➤ Si cultivas verduras en macetas, puedes colocarlas directamente en la jaula y dejar que los pájaros disfruten picoteándolas directamente; luego podrás sacar la maceta y seguir con el cultivo. Lo ideal es emplear pamplina, cereales, hierbas silvestres o mijo.

Vuelo libre dentro de casa

Es imprescindible que todos los pájaros que vivan en jaulas o pajareras de interior puedan salir a volar libremente. Ninguna jaula es lo suficientemente grande como para que los pájaros puedan subsistir sin volar libres. Para poder volar realmente y hacer que estimulen a fondo el metabolismo y la circulación es necesario que el pájaro pueda recorrer por lo menos un par de metros.

De excursión por la habitación: no hay nada que esté a salvo de la curiosidad de este bonito Agapornis roseicollis.

Antes del primer vuelo libre

Antes de salir a volar libremente por la habitación, los agapornis recién llegados necesitan un par de días para acostumbrarse a la nueva jaula y a su nuevo cuidador. Durante ese tiempo pueden observar atentamente el entorno desde dentro de la jaula e ir familiarizándose con él. Para las primeras sesiones de vuelo es necesario que dispongas de bastante tiempo y que te armes de paciencia, pues no siempre será fácil conseguir que salgan de la jaula y que luego encuentren el camino de regreso hasta ella.

¡Vamos allá!

Cuando la habitación esté libre de posibles peligros (ver recuadro de la derecha) y hayas puesto todos los elementos valiosos en un lugar seguro, podrás abrir la puertecita de la jaula. Generalmente transcurren sólo unos pocos minutos antes de que los pájaros den con la salida. De lo contrario, al principio puedes ayudarles colocando una mazorca de mijo directamente ante la puerta. Al principio es posible que los primeros aterrizajes por la habitación sean un poco accidentados –después de todo, hasta ahora los pájaros estaban acostumbrados a posarse en ramas y cuerdas pero no sobre las superficies lisas y verticales de las paredes y las cortinas–. Pero al cabo de poco tiempo no habrá nada que esté a salvo de los inseparables –aterrizarán sobre cortinas, alfombras, revestimientos de madera, en las estanterías, en los libros y en las lámparas–. Más de un cuidador se ha asombrado al comprobar que sus pájaros habían conseguido «decorar» algunos lugares aparentemente inaccesibles para ellos. Es importante que no encuentren rincones oscuros en las estanterías o detrás de los armarios, pues no tardarían en considerarlos un lugar idóneo para criar.

Regulación del tráfico aéreo: Para establecer un cierto orden en cuanto a los lugares en que se pueden posar los inseparables durante sus sesiones de vuelo, puedes colocar ju-

Peligros del vuelo libre

✔ Vidrios de las ventanas: los pájaros sin experiencia previa suelen volar hacia los vidrios y chocan contra ellos. Corre las cortinas o cierra las persianas para que esto no suceda.

✔ Ventanas abiertas o entreabiertas: peligro de que se fuguen o de que queden atrapados.

✔ Separaciones detrás de los armarios o de las estanterías: la curiosidad innata de estos pájaros puede llevarles a quedar atrapados.

✔ Calentadores, estufas y recipientes con líquidos calientes: peligro de quemaduras y escaldaduras.

✔ Puertas abiertas: podrían aplastar a un pájaro al cerrarse.

✔ Recipientes de boca estrecha vacíos o llenos de líquido: los pájaros podrían resbalar y caer en su interior.

✔ Plantas de interior: riesgo de intoxicación (ver pág. 57).

✔ Termómetros con mercurio, alambre de plomo de las cortinas, vidrios emplomados: peligro de intoxicación al picotearlo.

✔ Vapores de la cocina, de productos de limpieza, de detergentes, de teflón y humo de tabaco: son muy tóxicos para las aves. Nunca hay que dejar que vuelen por la cocina.

✔ Objetos punzantes tales como espinas de cactus, agujas, etc.: peligro de lesiones por contacto o por ingestión.

> *Cuando los inseparables pierden su timidez inicial les encanta investigar a fondo todo lo que encuentran durante las sesiones de vuelo libre y comprobar si sirve para jugar.*

guetes, perchas o incluso un árbol para trepar en aquellos lugares en los que prefieras que se posen. Si lo deseas, también puedes colgarlos del techo. Para atraerlos hacia ahí, esparce un poco de mijo, verdura o golosinas por el lugar.

➤ Las «áreas de juego» puedes comprarlas o construirlas tu mismo. Constan de varias ramas, perchas y escaleras unidas entre sí y montadas sobre una peana de madera con un borde. Si los pájaros se posan allí, los excrementos caen en la base y no ensucian la casa.

➤ Lo mismo sucede con el «árbol para trepar». Para construir un árbol a medida basta con coger algunas ramas largas y fuertes y sujetarlas en una maceta o en un cubo con arena. En las ramas más gruesas se pueden sujetar cuerdas, columpios o ramitas más finas en disposición horizontal. Por la tarde, cuando los inseparables tengan hambre querrán volver a la jaula. Si les cuesta encontrar la puerta puedes colocar una rama junto a la entrada y atraerlos hasta ella con una mazorca de mijo (ver también la página 56).

Cuestiones acerca del vuelo libre

¿Qué puedo hacer para atraer a mis inseparables de regreso a la jaula?

La mayoría de los pájaros regresan a la jaula por sí solos; a más tardar, cuando tienen hambre. Pero, naturalmente, esto solamente funciona si fuera de la jaula no encuentran nada comestible. Si cuelgas una mazorca de mijo dentro de la jaula y la dejas cerrada durante la sesión de vuelo, los pájaros no tardarán en dar con el modo de llegar hasta ella en cuanto les abras la puerta. El problema es que algunas parejas no tardan en darse cuenta de que si se turnan para entrar a comer, la puerta de la jaula no se cierra tras ellos mientras comen. En estos casos no hay más remedio que capturarlos cuidadosamente con un salabre, ya que no se les debe dejar volar libres por la casa si no hay alguien que los vigile. Para evitar llegar a estos extremos es mejor que tengas la paciencia de enseñarles que sólo deben volver a la jaula cuando tú lo desees. Para ello puedes dirigir a los inseparables hacia la puerta con un brazo extendido o sujetando algo con la mano. Al cabo de un par de semanas ya habrán aprendido que cuando haces eso significa «¡a casa!».

Mi pájaro se ha escapado. ¿Hay alguna posibilidad de que vuelva?

Si el fugitivo se encuentra por los alrededores de tu casa, lo mejor que puedes hacer es colocar la jaula con el otro miembro de la pareja (que probablemente lo estará llamando sin cesar) en un lugar en el que pueda verla y esperar a que se sienta atraído por ella. También puedes poner una segunda jaula y colocar en su interior una mazorca de mijo u otras golosinas. Es probable que tengas que armarte de paciencia y esperar un par de días –pero a veces los fugitivos regresan a casa–.

Volar da mucha sed. Es imprescindible que a los inseparables les pongamos agua limpia a diario.

Mientras tanto deberás anunciar su pérdida: en los refugios de acogida para animales, por Internet, o colocando anuncios en las tiendas y en los árboles. Si el pájaro estaba anillado, es posible que si alguien lo recoge pueda identificarlo. Y en el caso de que no regrese, ¡tu otro pájaro necesitará imprescindiblemente una nueva pareja!

¿Puedo dejar que los inseparables vuelen por la habitación junto con otros pájaros?

Puedes intentar que varias especies de pájaros vuelen juntas, pero siempre y cuando dispongas de espacio suficiente y los inseparables no superen a los otros en número. Deberás permanecer con ellos y vigilarlos durante todo el tiempo que estén sueltos.

Si compro unos agapornis mansos y criados a mano, ¿puedo ahorrarme el domesticarlos?

Al contrario de lo que sucede con los loros grandes, es difícil encontrar inseparables que hayan sido criados a mano. Y esto se debe a que el esfuerzo de criarlos a mano no se puede repercutir en el precio de venta de estos pequeños psi-

tácidos. Y ya va bien que sea así, pues la crianza a mano suele tener efectos secundarios bastante negativos para los animales. Por una parte corren el riesgo de sufrir quemaduras (papilla demasiado caliente) o de que la alimentación sea deficiente y, por otra, los inseparables mansos son más propensos que los demás loros a sufrir alteraciones psíquicas que se traducen en agresividad, arrancarse las plumas o desovar continuamente.

¿Qué plantas de interior son tóxicas para los agapornis?

Entre otras, es importante que cuides de que los inseparables no tengan acceso a estas plantas: ciclamen, anémonas, primaveras, drago, nuez vómica, dieffenbaquia, hiedra, tejo, verbena, digital, impatiens híbridos, codeso de los Alpes, cólquica, jacintos, vincapervinca, aligustre, campanillas, campanilla de primavera, muérdago, narcisos, adelfa, delphinium, acebo, clemátide, estrella de Navidad, yuca. También hay que tener mucho cuidado con la tierra abonada, ya que suele estar húmeda y puede contener esporas de mohos.

Alexandra Broich

MIS CONSEJOS PERSONALES

Un vuelo libre más atractivo

➤ Cuando estén sueltos, ofréceles materiales que puedan picotear; así, con un poco de suerte podrás evitar que estropeen la decoración de la habitación. De todos modos, si hay muebles de valor será mejor que los pongas en un lugar seguro o que los cubras.

➤ Si les cuelgas una «zona de juegos» delante de la ventana, seguro que no tardará en convertirse en su lugar favorito ya que desde allí podrán mirar hacia fuera y observar lo que sucede en el exterior.

➤ Los lirios verdes o de interior son inocuos para los pájaros y puedes dejar que los picoteen. Dado que crecen muy rápidamente, son «la» planta de interior ideal para los aficionados a los pájaros.

➤ A algunos inseparables les gusta bañarse bajo el grifo cuando salen de la jaula, o que los mojen con una jeringa para plantas.

➤ Los pájaros viejos y que ya no vuelen muy bien, necesitan puentes y pasarelas por las que puedan acceder caminando hasta el árbol de trepar o hasta la zona de juegos.

PROGRAMA DE FITNESS

Todos los inseparables que viven dentro de casa necesitan poder **volar libremente**. Solamente los pájaros que vuelan con regularidad pueden mantenerse siempre **sanos y en forma**. Las pajareras de exterior deben tener varios metros de longitud para que los pájaros puedan mantenerse bien durante todo el año.

Una garantía de bienestar para los inseparables

ALIMENTACIÓN SALUDABLE

Los inseparables necesitan una mezcla de granos muy variados con poca grasa y complementada con vitaminas y minerales. En su dieta no hay que olvidar de incluir siempre **frutas y hortalizas**, desde manzanas hasta calabacines. Las plantas silvestres no sólo les aportan nutrientes sino que además los mantienen muy entretenidos. La nutrición se completa con una piedra caliza o una pluma de sepia.

BAÑOS DE SOL

La luz es muy importante para los pájaros, y lo que necesitan es **luz solar** directa sin que pase por ningún filtro (vidrio) que pueda eliminar su radiación UV. Lo ideal son las pajareras de exterior, colocar la jaula junto a una ventana abierta cuando haga calor, o emplear una **lámpara de luz** de día durante el invierno.

NUNCA SOLOS

Los inseparables necesitan convivir con otro **pájaro de su misma especie** con el que puedan establecer una relación afectiva. Si un miembro de la pareja muere, hay que sustituir lo antes posible. A los agapornis podemos mantenerlos en pequeños **grupos**, pero siempre formados por parejas.

ATENCIÓN, SONIDOS POTENTES

Parece mentira que con lo pequeños que son puedan tener semejante potencia de voz. El ensordecedor sonido que son capaces de emitir no sólo puede ensordecer tus **oídos** sino que en más de una ocasión ha sido la causa de que dos vecinos que antes eran amigos acabasen viéndose en un **juzgado**. Antes de comprarlos, asegúrate de su potencia de voz y de la forma que puede repercutir en tu vecindario.

ID Y REPRODUCÍOS…

Los inseparables solamente se reproducirán si les proporcionamos una caja nido. No los **críes** si no sabes lo que luego vas a hacer con la descendencia. A cada pájaro habrá que proporcionarle un compañero con el que no esté emparentado.

Nuestros 10 consejos básicos

UN BUEN COMIENZO

Para que se establezca una **buena relación** entre el cuidador y sus animales, es necesario tener mucha paciencia y empezar con una pareja no demasiado joven pero que se lleve muy bien. Si durante las primeras semanas les ofreces tranquilidad, cariño y comodidad y les hablas en un tono afectuoso, no tardarán en perder su **timidez** inicial.

CUIDA SU SEGURIDAD

Los inseparables no deberán estar expuestos a ningún posible peligro, ni cuando **vuelan sueltos** ni cuando están en la jaula. Retira las **plantas venenosas** y los objetos peligrosos antes de que tus pájaros puedan llegar a entrar en contacto con ellos.

VISITA AL MÉDICO

Los pájaros suelen disimular sus males mientras les sea posible. Por tanto, para detectar a tiempo cualquier enfermedad es necesario **observarlos diariamente** durante un rato. Es importante que siempre tengas a mano la dirección y el teléfono de un **veterinario experto en aves exóticas**.

SORPRESA EN EL JARDÍN

Siembra en el jardín o en una maceta un poco del **grano** que habitualmente les das a tus pájaros. Te asombrará ver el tipo de plantas que aparecen, y tus pájaros también disfrutarán de lo lindo **picoteándolas para comérselas**.

Índice alfabético

Los números de página expresados en **negrita** corresponden a las ilustraciones.

La autora

La Dra. Alexandra Broich es veterinaria y mantiene muchos inseparables desde 1991. Después de trabajar en diversas consultas especializadas en aves fundó en 2001 la Verein Agaporniden in Not (Asociación para los Inseparables en Apuros). Desde 2002 trabaja como veterinaria asesora en una empresa especializada en alimentos para aves y roedores. Es miembro activo de la Tierärztlichen Vereinigung für Tierschutz TVT (Asociación de Veterinarios Defensores de los Animales).

El fotógrafo

Oliver Giel es un conocido especialista en fotografía de la naturaleza y de animales.
Reinhard: 11 abajo derecha; Juniors / Steimer: 10 izquierda, 11 abajo izquierda; Juniors / Wegner: 11 abajo centro.

A NUESTROS LECTORES

➤ Lleva tus pájaros al veterinario en cuanto aprecies los primeros síntomas de enfermedad.

➤ Si eres alérgico a las plumas o al polvillo de las plumas no debes tener pájaros en casa. En caso de duda, consulta a tu médico de cabecera.

➤ En caso de resfriado o gripe, dile a tu médico que tienes pájaros en casa.

➤ Los inseparables cantan con mucha fuerza. Consulta a tus vecinos antes de comprarlos.

Mis agapornis

➤ **Nombres:** _____

➤ **Tienda donde los adquirí:** _____

Así les doy de comer:

➤ _____
_____
_____

Juegos y juguetes favoritos:

➤ _____
_____
_____

Así les gusta que los cuiden:

➤ _____
_____
_____

Éstas son sus pertenencias:

➤ _____
_____
_____

Particularidades:

➤ _____
_____
_____

Éste es su veterinario:

➤ _____
_____
_____

Consulte nuestra web:
www.hispanoeuropea.com